**Instructional Guides for Literature**

Última parada de la calle Market

A guide for the Spanish version of the book by Matt de la Peña
Great Works author: Jodene Lynn Smith, M.A.

Publishing Credits

Corinne Burton, M.A.Ed., *Publisher*; Conni Medina, M.A.Ed., *Editor in Chief*; Emily R. Smith, M.A.Ed., *Content Director*; Robin Erickson, *Art Director*; Lee Aucoin, *Senior Graphic Designer*; Caroline Gasca, M.S.Ed., *Senior Editor*; Stephanie Bernard, *Associate Editor*; Sam Morales, M.A., *Associate Editor*; Don Tran, *Graphic Designer*; Jill Malcolm, *Junior Graphic Designer*

Image Credits

All images from iStock and/or Shutterstock.

Standards

© Copyright 2010. National Governors Association Center for Best Practices and Council of Chief State School Officers. All rights reserved.

Shell Education

a division of Teacher Created Materials
5301 Oceanus Drive
Huntington Beach, CA 92649-1030
ISBN 978-1-4258-1748-0
www.tcmpub.com/shell-education
© 2019 Shell Educational Publishing, Inc.

The classroom teacher may reproduce copies of materials in this book for classroom use only. The reproduction of any part for an entire school or school system is strictly prohibited. No part of this publication may be transmitted, stored, or recorded in any form without written permission from the publisher.

Table of contents

How to Use This Literature Guide 4
    Theme Thoughts..4
    Vocabulary..5
    Analyzing the Literature 6
    Reader Response..6
    Guided Close Reading..6
    Making Connections 7
    Language Learning...7
    Story Elements...7
    Culminating Activity 8
    Comprehension Assessment..8
    Response to Literature 8

Correlation to the Standards...8
    Purpose and Intent of Standards 8
    How to Find Standards Correlations..............................8
    Standards Correlation Chart..9

About the Author—Matt de la Peña...11
    Possible Texts for Text Comparisons 11

Book Summary of *Last Stop on Market Street* 12
    Cross-Curricular Connection 12
    Possible Texts for Text Sets 12

Teacher Plans and Student Pages..13
    Pre-Reading Theme Thoughts 13
    Section 1: Story Overview 14
    Section 2: Meet Nana and CJ (Jackson) 23
    Section 3: The Setting 32
    Section 4: Meet the Bus Riders 41
    Section 5: Wonderful Wording 50

Post-Reading Activities 59
    Post-Reading Theme Thoughts....................................59
    Culminating Activity: Seeing Beauty.............................60
    Comprehension Assessment..64
    Response to Literature: Creating Beauty.....................66

Writing Paper 69
Answer Key 70

Introduction

How to Use This Literature Guide

Today's standards demand rigor and relevance in the reading of complex texts. The units in this series guide teachers in a rich and deep exploration of worthwhile works of literature for classroom study. The most rigorous instruction can also be interesting and engaging!

Many current strategies for effective literacy instruction have been incorporated into these instructional guides for literature. Throughout the units, text-dependent questions are used to determine comprehension of the book as well as student interpretation of the vocabulary words. The books chosen for the series are complex and are exemplars of carefully crafted works of literature. Close reading is used throughout the units to guide students toward revisiting the text and using textual evidence to respond to prompts orally and in writing. Students must analyze the story elements in multiple assignments for each section of the book. All of these strategies work together to rigorously guide students through their study of literature.

The next few pages describe how to use this guide for a purposeful and meaningful literature study. Each section of this guide is set up in the same way to make it easier for you to implement the instruction in your classroom.

Theme Thoughts

The great works of literature used throughout this series have important themes that have been relevant to people for many years. Many of the themes will be discussed during the various sections of this instructional guide. However, it would also benefit students to have independent time to think about the key themes of the book.

Before students begin reading, have them complete the *Pre-Reading Theme Thoughts* (page 13). This graphic organizer will allow students to think about the themes outside the context of the story. They'll have the opportunity to evaluate statements based on important themes and defend their opinions. Be sure to keep students' papers for comparison to the *Post-Reading Theme Thoughts* (page 59). This graphic organizer is similar to the pre-reading activity. However, this time, students will be answering the questions from the point of view of one of the characters in the book. They have to think about how the character would feel about each statement and defend their thoughts. To conclude the activity, have students compare what they thought about the themes before they read the book to what the characters discovered during the story.

Introduction

How to Use This Literature Guide (cont.)

Vocabulary

Each teacher reference vocabulary overview page has definitions and sentences about how key vocabulary words are used in the section. These words should be introduced and discussed with students. Students will use these words in different activities throughout the book.

On some of the vocabulary student pages, students are asked to answer text-related questions about vocabulary words from the sections. The following question stems will help you create your own vocabulary questions if you'd like to extend the discussion.

- ¿De qué manera esta palabra describe la personalidad de _____?
- ¿De qué manera esta palabra se relaciona con el problema del cuento?
- ¿De qué manera esta palabra te ayuda a comprender el escenario?
- Dime de qué manera esta palabra se relaciona con la idea principal del cuento.
- ¿Qué imágenes te trae a la mente esta palabra?
- ¿Por qué crees que el autor usó esta palabra?

At times, you may find that more work with the words will help students understand their meanings and importance. These quick vocabulary activities are a good way to further study the words.

- Students can play vocabulary concentration. Make one set of cards that has the words on them and another set with the definitions. Then, have students lay them out on the table and play concentration. The goal of the game is to match vocabulary words with their definitions. For early readers or language learners, the two sets of cards could be the words and pictures of the words.

- Students can create word journal entries about the words. Students choose words they think are important and then describe why they think each word is important within the book. Early readers or language learners could instead draw pictures about the words in a journal.

- Students can create puppets and use them to act out the vocabulary words from the stories. Students may also enjoy telling their own character-driven stories using vocabulary words from the original stories.

Introduction

How to Use This Literature Guide (cont.)

Analyzing the Literature

After you have read each section with students, hold a small-group or whole-class discussion. Provided on the teacher reference page for each section are leveled questions. The questions are written at two levels of complexity to allow you to decide which questions best meet the needs of your students. The Level 1 questions are typically less abstract than the Level 2 questions. These questions are focused on the various story elements, such as character, setting, and plot. Be sure to add further questions as your students discuss what they've read. For each question, a few key points are provided for your reference as you discuss the book with students.

Reader Response

In today's classrooms, there are often great readers who are below average writers. So much time and energy is spent in classrooms getting students to read on grade level that little time is left to focus on writing skills. To help teachers include more writing in their daily literacy instruction, each section of this guide has a literature-based reader response prompt. Each of the three genres of writing is used in the reader responses within this guide: narrative, informative/explanatory, and opinion. Before students write, you may want to allow them time to draw pictures related to the topic. Book-themed writing paper is provided on page 69 if your students need more space to write.

Guided Close Reading

Within each section of this guide, it is suggested that you closely reread a portion of the text with your students. The sections to be reread are described by location within the story since there are no page numbers in these books. After rereading the section, there are a few text-dependent questions to be answered by students.

Working space has been provided to help students prepare for the group discussion. They should record their thoughts and ideas on the activity page and refer to it during your discussion. Rather than just taking notes, you may want to require students to write complete responses to the questions before discussing them with you.

Encourage students to read one question at a time and then go back to the text and discover the answer. Work with students to ensure that they use the text to determine their answers rather than making unsupported inferences. Suggested answers are provided in the answer key.

How to Use This Literature Guide (cont.)

Guided Close Reading (cont.)

The generic open-ended stems below can be used to write your own text-dependent questions if you would like to give students more practice.

- ¿Qué palabras del cuento respaldan...?
- ¿Qué texto te ayuda a entender...?
- Usa el libro para explicar por qué sucedió...
- Basándote en los sucesos del cuento, ¿...?
- Muéstrame la parte del texto que apoya...
- Usa el texto para explicar por qué...

Making Connections

The activities in this section help students make cross-curricular connections to mathematics, science, social studies, fine arts, or other curricular areas. These activities require higher-order thinking skills from students but also allow for creative thinking.

Language Learning

A special section has been set aside to connect the literature to language conventions. Through these activities, students will have opportunities to practice the conventions of standard English grammar, usage, capitalization, and punctuation.

Story Elements

It is important to spend time discussing what the common story elements are in literature. Understanding the characters, setting, plot, and theme can increase students' comprehension and appreciation of the story. If teachers begin discussing these elements in early childhood, students will more likely internalize the concepts and look for the elements in their independent reading. Another very important reason for focusing on the story elements is that students will be better writers if they think about how the stories they read are constructed.

In the story elements activities, students are asked to create work related to the characters, setting, or plot. Consider having students complete only one of these activities. If you give students a choice on this assignment, each student can decide to complete the activity that most appeals to him or her. Different intelligences are used so that the activities are diverse and interesting to all students.

Introduction

How to Use This Literature Guide (cont.)

Culminating Activity

At the end of this instructional guide is a creative culminating activity that allows students the opportunity to share what they've learned from reading the book. This activity is open ended so that students can push themselves to create their own great works within your language arts classroom.

Comprehension Assessment

The questions in this section require students to think about the book they've read as well as the words that were used in the book. Some questions are tied to quotations from the book to engage students and require them to think about the text as they answer the questions.

Response to Literature

Finally, students are asked to respond to the literature by drawing pictures and writing about the characters and story. A suggested rubric is provided for teacher reference.

Correlation to the Standards

Shell Education is committed to producing educational materials that are research and standards based. As part of this effort, we have correlated all of our products to the academic standards of all 50 states, the District of Columbia, the Department of Defense Dependents Schools, and all Canadian provinces.

Purpose and Intent of Standards

The Every Student Succeeds Act (ESSA) mandates that all states adopt challenging academic standards that help students meet the goal of college and career readiness. While many states already adopted academic standards prior to ESSA, the act continues to hold states accountable for detailed and comprehensive standards. Standards are statements that describe the criteria necessary for students to meet specific academic goals. They define the knowledge, skills, and content students should acquire at each level. State standards are used in the development of our products, so educators can be assured they meet state academic requirements.

How to Find Standards Correlations

To print a customized correlation report of this product for your state, visit our website at **www.teachercreated materials.com/administrators/correlations/** and follow the online directions. If you require assistance in printing correlation reports, please contact our Customer Service Department at 1-877-777-3450.

Correlation to the Standards (cont.)

Standards Correlation Chart

The lessons in this book were written to support today's college and career readiness standards. The following chart indicates which sections of this guide address each standard.

College and Career Readiness Standard	Section
Read closely to determine what the text says explicitly and to make logical inferences from it; cite specific textual evidence when writing or speaking to support conclusions drawn from the text.	Vocabulary Sections 3, 5; Guided Close Reading Sections 1–5; Making Connections Section 1, Analyzing the Literature Sections 1–5; Language Learning Sections 2–4; Story Elements Section 2
Determine central ideas or themes of a text and analyze their development; summarize the key supporting details and ideas.	Analyzing the Literature Sections 1–5; Story Elements Sections 1–2; Post-Reading Activities
Analyze how and why individuals, events, or ideas develop and interact over the course of a text.	Guided Close Reading Sections 1–5; Analyzing the Literature Sections 1–5; Story Elements Sections 1–5; Culminating Activity
Interpret words and phrases as they are used in a text, including determining technical, connotative, and figurative meanings, and analyze how specific word choices shape meaning or tone.	Vocabulary Sections 1–5; Language Learning Sections 1, 3, 5
Read and comprehend complex literary and informational texts independently and proficiently.	Entire Unit
Write arguments to support claims in an analysis of substantive topics or texts using valid reasoning and relevant and sufficient evidence.	Reader Response Sections 2, 4
Write informative/explanatory texts to examine and convey complex ideas and information clearly and accurately through the effective selection, organization, and analysis of content.	Reader Response Section 3
Write narratives to develop real or imagined experiences or events using effective technique, well-chosen details and well-structured event sequences.	Reader Response Sections 1, 5

Correlation to the Standards (cont.)

Standards Correlation Chart (cont.)

College and Career Readiness Standard	Section
Demonstrate command of the conventions of standard English grammar and usage when writing or speaking.	Language Learning Sections 1–4; Reader Response Sections 1–5
Demonstrate command of the conventions of standard English capitalization, punctuation, and spelling when writing.	Language Learning Section 2; Reader Repsonse Sections 1–5
Determine or clarify the meaning of unknown and multiple-meaning words and phrases by using context clues, analyzing meaningful word parts, and consulting general and specialized reference materials, as appropriate.	Vocabulary Sections 1–5; Language Learning Section 5

About the Author—Matt de la Peña

Matt de la Peña grew up in San Diego, California. Little is known about his early life; however, he went to the University of the Pacific on a basketball scholarship and received his bachelor's degree. He went on to receive his master's of fine arts in creative writing at San Diego State University.

Prior to writing *Last Stop on Market Street*, de la Peña was mostly known for his novels. His first novel, *Ball Don't Lie*, was published in 2005. It instantly received recognition as an American Library Association Young Adult Library Services Association (ALA YALSA) Best Book for Young Adults and an ALA YALSA Quick Pick for Reluctant Readers. The novel was made into a movie in 2011.

Mexican WhiteBoy (2008) and *We Were Here* (2009) were also named ALA YALSA Best Book for Young Adults and received other awards as well. His other novels include *I Will Save You* (2010), *The Living* (2013), and *The Hunted* (2015). In addition to his novels, he has also published two books in Scholastic's *Infinity Ring Series—Curse of the Ancients* (book five in the series) published in 2013, and *Eternity* (book eight in the series) was published in 2014. De la Peña has also had a number of short stories and essays published.

His first picture book, *A Nation's Hope: The Story of Boxing Legend Joe Louis*, was published in 2011. *Last Stop on Market Street* is only his second picture book; it won the Newbery Award in 2016 and was named a Caldecott Honor Book the same year. In addition to being on *The New York Times Best Seller List*, the book has also been featured on many other best children's literature book lists.

De la Peña lives in Brooklyn where he teaches creative writing at New York University.

Possible Texts for Text Comparisons

Last Stop on Market Street can be compared to other books about relationships with grandmothers or the city. One book that combines both of these ideas is *Abuela* by Arthur Dorros. It is a beautifully illustrated book that tells the story of a girl and her *abuela* (grandmother) riding a bus. While on the trip, the girl wonders what it would be like if she could fly. The girl and her grandmother are swept out of the bus and go on a sightseeing trip of New York City from above. The parallels to as well as the differences from *Last Stop on Market Street* are clear, making it an excellent book for a text comparison.

Introduction

Book Summary of Last Stop on Market Street

Each week after church, Nana and CJ (Jackson, in the Spanish version) volunteer at the soup kitchen. But this week, CJ doesn't want to go. His friends don't have to go, and it is raining.

On their bus trip across town, CJ sees everything wrong with the world. But Nana sees the world in a different way. She sees beauty. Through CJ's questions, Nana describes the beauty she sees in life, in the city, and in the people they meet along the way.

By the time Nana and CJ get to the last stop on Market Street, CJ begins to realize that Nana sees beauty everywhere she looks. He still does not see it, though. He still sees the dirt and broken streetlamps around him. When CJ sees the familiar faces at the soup kitchen, he finally realizes that he is glad he came ... and Nana is, too!

How to Read the Book

Each section of this instructional guide contains lessons and activities to help students gain an understanding of the story.

- Section 1: Whole Book
- Section 2: Meet Nana and CJ (Jackson)
- Section 3: The Setting
- Section 4: Meet the Bus Riders
- Section 5: Wonderful Wording

Cross-Curricular Connection

This book can be used within a character education unit on thankfulness, having a good outlook on life, and positive thinking.

Possible Texts for Text Sets

- Breece, Hannah. 2014. *An Everyday Kind of Beautiful*. CreateSpace Independent Publishing Platform.
- Dubuc, Marianne. 2015. *The Bus Ride*. Toronto: Kids Can Press.
- Spinelli, Eileen. 2015. *Thankful*. Grand Rapids: Zonderkidz.
- Viorst, Judith. 1987. *Alexander and the Terrible, Horrible, No Good, Very Bad Day*. New York: Atheneum Books for Young Readers.

or

- Huebner, Dawn. 2006. *What to Do When You Grumble Too Much: A Kid's Guide to Overcoming Negativity*. Washington D.C.: Magination Press.
- King, Bill. 2013. *Stinkin' Thinkin' Stinks: A Kid's Guide to the Lighter Side of Life*. Alpine: Bryce Cullen Publishing.

Nombre _____

Introducción

Prelectura: pensamientos sobre el tema

Instrucciones: Dibuja una carita feliz o una carita triste. La carita debe mostrar qué piensas de cada afirmación. Luego, usa palabras para explicar qué piensas de cada afirmación.

Afirmación	¿Qué piensas? ☺ ☹	¿Por qué piensas así?
Es interesante conocer nuevas personas.		
Las personas ven las cosas de maneras distintas.		
Hay belleza en una ciudad sucia.		
Podemos aprender de otras personas.		

Section 1 Story Overview

Vocabulary Overview

Key words and phrases from this section are provided below with definitions and sentences about how the words are used in the story. Introduce and discuss these important vocabulary words with students. If you think these words or other words in the story warrant more time devoted to them, there are suggestions in the introduction for other vocabulary activities (page 5).

Palabra	Definición	Oración sobre el texto
chapotear	salpicar seguido	Jackson y Nana ven la lluvia **chapotear** en el parabrisas de un coche.
chirrió	hizo un ruido molesto	El autobús **chirría** y se detiene.
arrancó	empezó de repente o partió	El autobús **arranca**.
verdad	la realidad; algo cierto	El hombre ciego dice que es **verdad** que algunas personas ven el mundo con sus oídos.
fino	de buen gusto; agradable	Nana lleva puesto un perfume **fino**.
vaivén	bamboleo	Los colores se mueven en el **vaivén** de las olas.
rodea	bordea por todos lados	Jackson siente que la suciedad lo **rodea**.
familiares	conocidos de antes	Jackson divisa unas caras **familiares**.

Nombre _____

Resumen del libro

Actividad del vocabulario

Instrucciones: Escribe la palabra que mejor combina con la pista.

Palabras del cuento

| chapotear | chirrió | verdad | familiar | vaivén |

1. Es el sonido que hace un piso viejo.
   _____
   _____

2. Es cómo se mece un columpio.
   _____
   _____

3. Es el sonido de niños jugando en un charco.
   _____
   _____

4. Es algo cierto.
   _____
   _____

5. Ayuda a describir algo a lo que estás acostumbrado.
   _____
   _____

Section 1 Story Overview

Analyzing the Literature

Provided below are discussion questions you can use in small groups, with the whole class, or for written assignments. Each question is written at two levels so that you can choose the right question for each group of students. For each question, a few key points are provided for your reference as you discuss the book with students.

Story Element	Level 1 Questions for Students	Level 2 Questions for Students	Key Discussion Points
Plot	¿Quién narra el cuento? ¿Cómo lo sabes?	¿De qué manera tener un narrador que cuenta el cuento ayuda a contrastar las opiniones opuestas del mundo de Nana y de Jackson?	A narrator is telling the story. The narrator tells what each of the characters says. The pronoun *I* is not used in the book, which would show that the story is told from the point of view of one of the characters. If either Nana or CJ were telling the story, their viewpoints might be more one-sided. Having a narrator tell the story balances Nana's and CJ's opposing views of the world.
Plot	¿Por qué pregunta Jackson por qué no tienen coche?	¿Cómo le responde Nana a Jackson cuando le pregunta por qué no tienen coche?	CJ sees his friend drive off in a car. Nana responds that they don't need a car because they have a bus that breathes fire and Mr. Dennis, the bus driver, who always has a trick for CJ.
Character	Compara la primera oración de Jackson del libro con la última oración que dice. ¿Ha cambiado Jackson?	Describe cómo cambia Jackson a través del libro.	The first sentence that CJ says is, "How come we gotta wait for the bus in all this wet?" At the beginning of the book, CJ complains about everything. At the end, CJ is happy he has come with Nana to work at the soup kitchen. You can tell because he says, "I'm glad we came."
Setting	Describe el escenario al principio, en el medio y al final del cuento.	¿De qué manera cambiar el escenario ayuda al autor a narrar su cuento?	At the beginning of the story, CJ and Nana are outside a church and waiting at the bus stop. Then, CJ and Nana get on the bus. When they get off the bus, they walk to the soup kitchen. The change in setting allows for Nana and CJ to see many different things in the city and to meet many different people.

Nombre _____

Resumen del libro

Reflexión del lector

Piensa

En *Última parada de la calle Market*, Nana y Jackson siguen la misma rutina después de la iglesia. Piensa en algo que haces habitualmente.

Tema de escritura narrativa

Escribe sobre una rutina que tú o tu familia tienen. Cuenta lo que haces y cúando lo haces.

_____
_____
_____
_____
_____
_____
_____
_____
_____
_____

Resumen del libro

Nombre _____

Lectura enfocada guiada

Vuelve a leer con atención desde cuando Nana y Jackson bajan del autobús hasta el final del cuento.

Instrucciones: Piensa en estas preguntas. En los espacios, escribe ideas o haz dibujos. Prepárate para compartir tus respuestas.

❶ ¿Qué ve Jackson en el cielo sobre el comedor social?

❷ Describe lo que ve Jackson justo después de que se pregunta cómo Nana siempre encuentra belleza allí donde están.

❸ ¿Qué evidencia comprueba por qué Jackson está feliz de haber venido?

Nombre _____

Resumen del libro

Relacionarse: plantas con sed

Instrucciones: Nana le pregunta a Jackson si puede ver el árbol grande beber agua a través de una pajita. ¿Las plantas realmente beben a través de pajitas? Usa el apio y colorante alimenticio para descubrirlo.

Materiales
- seis gotas de colorante alimenticio
- un tallo de apio
- un vaso con agua

Instrucciones

Coloca seis gotas de colorante alimenticio en un vaso con agua. Coloca un tallo de apio en el vaso. Espera por lo menos seis horas. Dibuja lo que observas. Luego, contesta las preguntas.

Piensa en lo que observaste con el apio. ¿Por qué piensas que Nana dice que el árbol está bebiendo a través de una pajita?

_____
_____
_____
_____
_____
_____
_____

Resumen del libro

Nombre _____

Aprendizaje del lenguaje: verbos

Instrucciones: Los verbos son palabras que muestran una acción. Escribe verbos que muestran las acciones de cada personaje.

Personaje	Verbos		
Nana	se rio	tarareaba	tejía
Jackson			
el hombre ciego			
el autobús			
la lluvia			

Nombre _____

Resumen del libro

Elementos del texto: escenario

Instrucciones: El escenario cambia en el cuento. Haz dibujos de cada escenario.

afuera de la iglesia	en la parada del autobús
en el autobús	en el comedor social

Resumen del libro

Nombre _____

Elementos del texto: trama

Instrucciones: Recorta las tarjetas. Pégalas sobre otra hoja de papel en el orden del cuento.

Jackson y Nana conocen a personas interesantes.	Jackson y Nana caminan hasta el comedor social.
Jackson y Nana caminan hasta la parada del autobús.	Jackson y Nana ayudan en el comedor social.
Jackson y Nana bajan del autobús.	Jackson y Nana salen de la iglesia.
Jackson y Nana suben al autobús.	

Section 2
Meet Nana and CJ

Vocabulary Overview

Key words and phrases from this section are provided below with definitions and sentences about how the words are used in the story. Introduce and discuss these important vocabulary words with students. If you think these words or other words in the story warrant more time devoted to them, there are suggestions in the introduction for other vocabulary activities (page 5).

Palabra	Definición	Oración sobre el texto
resguardó	se movió rápidamente para evitar algo	Jackson **se resguardó** bajo el paraguas de Nana.
profunda	que viene de muy dentro	Nana tiene una risa **profunda**.
tejía	hacía tela usando estambre o hilo y agujas largas	Nana **teje** mientras está en el autobús.
ritmo	el compás de la música que tiene un patrón constante	El **ritmo** de la música conmueve a Jackson.
miró de reojo	miró ligeramente	Nana **mira de reojo** la moneda de Jackson.
apreciar	valorar	Nana quiere que Jackson **aprecie** la belleza.
se preguntó	sintió curiosidad sobre algo	Jackson **se pregunta** cómo Nana encuentra belleza dondequiera que mira.

Nana y Jackson

Nombre _____

Actividad del vocabulario

Instrucciones: Repasa las palabras y las definiciones. Luego, responde las preguntas.

1. **miró de reojo:** miró ligeramente

    Mira de reojo el aula. ¿Qué ves?

    _____
    _____
    _____
    _____
    _____

2. **se preguntó:** sintió curiosidad sobre algo

    ¿Qué es algo sobre lo cual **te has preguntado**?

    _____
    _____
    _____
    _____
    _____

3. **apreciar:** valorar

    ¿De qué manera has visto que la amabilidad se **aprecie** en tu escuela?

    _____
    _____
    _____
    _____
    _____

Section 2
Meet Nana and CJ

Analyzing the Literature

Provided below are discussion questions you can use in small groups, with the whole class, or for written assignments. Each question is written at two levels so that you can choose the right question for each group of students. For each question, a few key points are provided for your reference as you discuss the book with students.

Story Element	Level 1 Questions for Students	Level 2 Questions for Students	Key Discussion Points
Character	¿Qué evidencia hay de que Nana es amable?	Describe la personalidad de Nana.	Nana is a kind person. She smiles and says good afternoon to everyone on the bus. Nana encourages CJ to put his coin in the guitar player's hat to thank him for the song. Nana takes CJ to work at the soup kitchen each week.
Setting	¿Cuál es el escenario en la primera página del libro? ¿Cuál es el escenario en la última página del libro?	Piensa en el escenario al principio y al final del libro. ¿Qué revelan estos dos escenarios sobre Nana?	At the beginning of the book, Nana and CJ have just come out of church. At the end of the book, Nana and CJ are working at a soup kitchen. These two settings show these are important places to Nana. The text also indicates that Nana and CJ go to these two places every week, also showing their importance to her.
Character	¿Quiere Jackson trabajar en el comedor social? ¿Cómo lo sabes?	El autor dice que Jackson siente lástima de sí mismo. ¿Qué sucede que muestra que Jackson se siente así?	The text says, "CJ stared out the window [of the bus] feeling sorry for himself." CJ keeps asking Nana questions about everything. He also wonders why his friends don't have to go anywhere.
Plot	¿Cómo cambia Jackson desde el principio del cuento hasta el final del cuento?	¿Qué sucede en el cuento que hace cambiar de actitud a Jackson?	At the beginning of the story, CJ feels sorry for himself and wonders why he has to go work at the soup kitchen. Throughout the story, CJ listens to Nana put a positive spin on everything he questions. At the end of the story, once he sees the familiar faces, he is glad he comes to the soup kitchen to work.

Nana y Jackson

Nombre _____

Reflexión del lector

Piensa

En *Última parada de la calle Market*, Nana y Jackson ven las mismas cosas de maneras distintas. Jackson describe las cosas exactamente como las ve. Nana crea belleza de las cosas que ve. Piensa en estos personajes y qué punto de vista te gusta más.

Tema de escritura de opinión

Escribe tu opinión sobre qué punto de vista te gusta más: el de Jackson o el de Nana. Da al menos dos razones para apoyar tu respuesta.

Nombre _____

Nana y Jackson

Lectura enfocada guiada

Vuelve a leer con atención las páginas donde Jackson pregunta por qué no tienen coche y Nana responde.

Instrucciones: Piensa en estas preguntas. En los espacios, escribe ideas o haz dibujos. Prepárate para compartir tus respuestas.

❶ ¿Qué acontecimiento sucede justo antes de que Jackson le pregunta a Nana por qué no tienen coche?

❷ ¿Cómo describe Nana el autobús?

❸ ¿Cómo describe el autor el ruido que hace el autobús?

Nana y Jackson

Nombre _____

Relacionarse: familia

Instrucciones: Jackson le dice *Nana* a su abuela. Completa las casillas escribiendo los nombres que usas para los miembros de tu familia. Compara los nombres con los que usan tus compañeros de clase.

Persona	El nombre que le das
mamá(s)	
papá(s)	
abuela(s)	
abuelo(s)	
tía(s)	
tío(s)	

Nombre _____

Nana y Jackson

Aprendizaje del lenguaje: preguntas

Instrucciones: Jackson le hace muchas preguntas a Nana durante el cuento. Las preguntas empiezan y terminan con signos de interrogación. Busca cuatro de las preguntas que hace Jackson y escríbelas. Encierra los signos de interrogación.

1. _____

2. _____

3. _____

4. _____

Nana y Jackson

Nombre _____

Elementos del texto: personaje

Instrucciones: Las palabras en las casillas describen a Nana. Escribe una oración del libro que apoya cada palabra que describe a Nana.

Palabra	Oración de apoyo
cortés	
positiva	
servicial	

Nombre _____

Nana y Jackson

Elementos del texto: trama

Instrucciones: Nana siempre tiene buenas respuestas a las preguntas de Jackson. Escribe tu propia pregunta que Jackson podría hacerle a Nana. Escribe una respuesta positiva y creativa que Nana podría darle a Jackson. Haz un dibujo de lo que Jackson observa mientras le hace la pregunta.

Jackson: _____
_____
_____

Nana: _____
_____
_____

Section 3
The Setting

Vocabulary Overview

Key words and phrases from this section are provided below with definitions and sentences about how the words are used in the story. Introduce and discuss these important vocabulary words with students. If you think these words or other words in the story warrant more time devoted to them, there are suggestions in the introduction for other vocabulary activities (page 5).

Palabra	Definición	Oración sobre el texto
salpicaba	rociaba líquido	La lluvia **salpica** la camisa de Jackson.
lanzallamas	algo que emite llamas	Nana describe el autobús como un **lanzallamas**.
desmoronadas	desmenuzadas	Las aceras están **desmoronadas**.
grafiti	palabras escritas sin autorización en lugares públicos con pintura en aerosol	Las vidrieras están marcadas con **grafiti**.
clausuradas	tapadas para impedir la entrada	Jackson pasa por tiendas **clausuradas**.
se elevaba	se alzaba	Un arcoíris **se elevaba** en el cielo.
comedor social	un lugar donde se le da comida a la gente pobre	Jackson y Nana se ofrecen como voluntarios en el **comedor social**.

Nombre _____

El escenario

Actividad del vocabulario

Instrucciones: Cada una de estas oraciones usa al menos una palabra del libro. Recorta las tiras de papel. Pon las oraciones en orden. Usa el libro como ayuda.

- El autobús es un **lanzallamas**.
- Nana y Jackson caminan por vidrieras marcadas con **grafiti** y tiendas **clausuradas**.
- Un arcoíris **se eleva** en el cielo.
- La lluvia **salpicaba** la camisa de Jackson.
- Jackson ve aceras **desmoronadas** y puertas destartaladas.
- Nana y Jackson trabajan en el **comedor social**.

Section 3 The Setting

Analyzing the Literature

Provided below are discussion questions you can use in small groups, with the whole class, or for written assignments. Each question is written at two levels so that you can choose the right question for each group of students. For each question, a few key points are provided for your reference as you discuss the book with students.

Story Element	Level 1 Questions for Students	Level 2 Questions for Students	Key Discussion Points
Setting	¿Cómo describe el autor el autobús?	¿De qué manera las ilustraciones comprueban por qué Nana dice que el autobús es un lanzallamas?	Nana says the bus breathes fire. The illustrations show a poster of a dragon breathing fire on the side of the bus.
Character	¿Cómo ve Nana al mundo? ¿Cómo ve Jackson al mundo?	¿Qué puede aprender el lector de los distintos puntos de vista de los personajes?	In the story, CJ sees how beautiful the world looks to Nana in contrast to how he sees the world. Readers can learn that there are many ways to look at the world. Some people see the dirt in the world and some people see the beauty.
Character	¿Quiénes son los personajes principales? ¿Quiénes son los personajes secundarios?	¿Con cuál personaje secundario interactúan más Nana y Jackson?	Nana and CJ are the main characters that are in every scene. The secondary characters include all the people they see and talk about in the city and on the bus. CJ and Nana interact with the blind man the most. The blind man tells them about how he uses his senses to see the world. It is also the blind man who encourages CJ to shut his eyes to feel the rhythm and magic of the music.
Setting	¿De qué manera tiene importancia el escenario de lluvia para el arcoíris al final del cuento?	¿Qué simboliza el arcoíris al final del cuento?	There would not be a rainbow if it had not been raining in the story. The rainbow at the end of the story symbolizes the beauty that Nana sees in contrast to the dirty city that CJ sees.

Nombre _____

El escenario

Reflexión del lector

Piensa

En *Última parada de la calle Market* el tiempo es lluvioso. Piensa en cómo se ven el cielo y la tierra cuando llueve.

Tema de escritura explicativa/descriptiva

Escribe sobre el tiempo lluvioso. Incluye al menos dos hechos que conozcas sobre la lluvia.

_____
_____
_____
_____
_____
_____
_____
_____
_____
_____

El escenario Nombre _____

Lectura enfocada guiada

Vuelve a leer con atención las primeras seis páginas donde se describe el día lluvioso.

Instrucciones: Piensa en estas preguntas. En los espacios, escribe ideas o haz dibujos. Prepárate para compartir tus respuestas.

❶ ¿Qué quiere decir el autor cuando dice que la lluvia salpicaba la camisa de Jackson?

❷ ¿Qué palabras usa Nana para describir cómo el árbol recibe agua de la lluvia?

❸ ¿De qué manera las ilustraciones apoyan la descripción de la lluvia en el texto?

Nombre _____

El escenario

Relacionarse: arcoíris

Instrucciones: Usa crayones o pintura acuarela para rellenar el arcoíris. Te puedes acordar del orden de los colores de un arcoíris usando el nombre Raav Aív.

```
R   a   a   v       A   í   v
o   n   m   e       z   n   i
j   a   a   r       u   d   o
o   r   r   d       l   i   l
a       i   e           g   e
n       l               o   t
j       l                   a
a       o
d
o
```

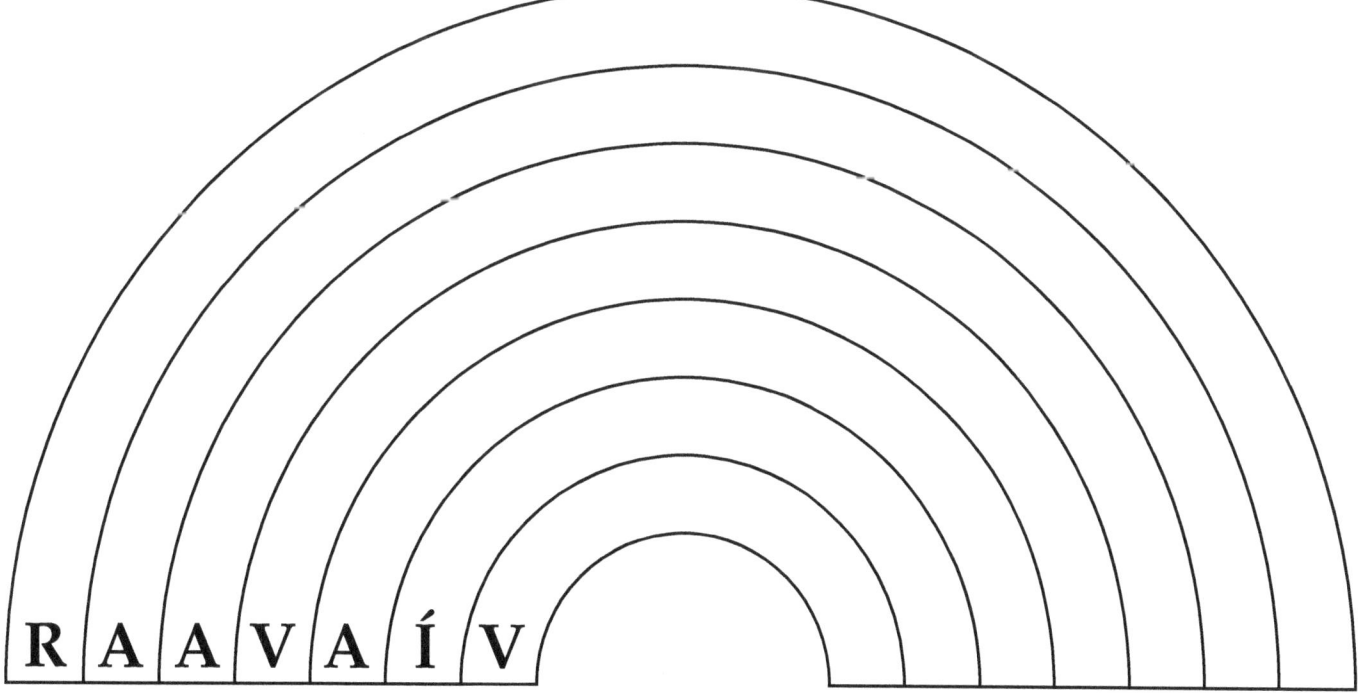

El escenario

Nombre _____

Aprendizaje del lenguaje: lenguaje descriptivo

Instrucciones: El autor usa palabras interesantes para describir el escenario. Vuelve a leer el final del libro para encontrar las palabras que se usan para describir lo que Jackson ve mientras camina desde la parada del autobús.

Lo que Jackson ve	Palabras descriptivas
aceras	1.
puertas	2.
vidrieras	3.
tiendas	4.
arcoíris	5.
farolas	6.
gatos	7.

Nombre _____

El escenario

Elementos del texto: trama

Instrucciones: Dibuja cada escenario. Luego, recorta las tarjetas. Pégalas en otra hoja de papel en el orden en que Jackson los vio.

parada del autobús	comedor social
arcoíris	iglesia
aceras desmoronadas	autobús

El escenario

Nombre _____

Elementos del texto: escenario

Instrucciones: Escucha mientras tu maestro lee el párrafo. Luego, haz un dibujo del autobús.

> Un autobús es un vehículo que lleva a las personas de lugar en lugar. En *Última parada de la calle Market*, ¡es mucho más! Se vuelve parte del escenario. Vuelve a leer la página donde el autobús se detiene en la parada. Trata de ilustrarlo tal como el autor lo describe.

Section 4
Meet the Bus Riders

Vocabulary Overview

Key words and phrases from this section are provided below with definitions and sentences about how the words are used in the story. Introduce and discuss these important vocabulary words with students. If you think these words or other words in the story warrant more time devoted to them, there are suggestions in the introduction for other vocabulary activities (page 5).

Palabra	Definición	Oración sobre el texto
palma	la parte inferior de la mano	El conductor del autobús deposita una moneda en la **palma** de Jackson.
afinaba	ajustaba el tono musical	El hombre **afina** su guitarra.
rulos	tubos pequeños para ondular el cabello	Una señora mayor tiene **rulos** en el cabello.
olfateando	oliendo	El hombre ciego **olfatea** el perfume de Nana.
perfume	un líquido de aroma agradable que se coloca en el cuerpo	Nana lleva puesto **perfume**.
pulsar	tocar un instrumento al hacer un punteo sobre las cuerdas con los dedos o con la púa	El hombre **pulsa** las cuerdas de la guitarra para tocar una canción.
susurró	habló con voz baja	El hombre **susurra** a Nana.

Conoce a los pasajeros

Nombre _____

Actividad del vocabulario

Instrucciones: Elige al menos cuatro palabras del cuento. Haz dibujos que muestren lo que significan estas palabras. Rotula los dibujos.

Section 4
Meet the Bus Riders

Analyzing the Literature

Provided below are discussion questions you can use in small groups, with the whole class, or for written assignments. Each question is written at two levels so that you can choose the right question for each group of students. For each question, a few key points are provided for your reference as you discuss the book with students.

Story Element	Level 1 Questions for Students	Level 2 Questions for Students	Key Discussion Points
Plot	¿Quiénes están en el autobús cuando se suben Nana y Jackson?	¿De qué maneras interactuan Nana y Jackson con las personas del autobús?	The guitar man, the lady with the butterflies in a jar, and Bobo are already on the bus when Nana and CJ get on. First, a blind man climbs aboard. Next, two older boys get on. Nana and CJ interact with the blind man and discuss the two older boys.
Character	¿Cómo demostró el hombre ciego que usa su sentido del olfato?	¿Por qué el hombre ciego hace un comentario sobre el perfume de Nana?	Nana comments that blind people watch the world with their ears, and the blind man adds that they use their noses, too. He comments on Nana's perfume to show how he uses his sense of smell.
Plot	¿Cómo le responde Nana a Jackson cuando este dice que quiere un reproductor de música?	Cuando dos chicos se suben al autobús, Jackson dice, "Cómo me gustaría tener uno de esos". ¿Cómo revelan las ilustraciones y el texto lo que quiere Jackson?	The illustrations show two older boys listening to a music player. When CJ tells Nana that he wants one of those, she replies that she doesn't know why he would want a music player when he can listen to live music from the guitar player.
Plot	¿Por qué Jackson cierra los ojos?	¿Qué sucede cuando Jackson cierra los ojos?	CJ closes his eyes because the blind man tells CJ that he closes his eyes to feel the magic of music. When CJ closes his eyes, he experiences the music by visualizing what he thinks it looks like.

Conoce a los pasajeros   Nombre _____

Reflexión del lector

Piensa

Nana y Jackson ven muchas personas interesantes en el autobús. Piensa en cuál de estas personas te gustaría conocer.

Tema de escritura de opinión

Escribe tu opinión sobre qué personajes del autobús te gustaría conocer. Incluye al menos dos razones que apoyen tu opinión.

_____
_____
_____
_____
_____
_____
_____
_____
_____
_____

Nombre _____

Conoce a los pasajeros

Lectura enfocada guiada

Vuelve a leer con atención las páginas donde Nana y Jackson hablan con el hombre ciego.

Instrucciones: Piensa en estas preguntas. En los espacios, escribe ideas o haz dibujos. Prepárate para compartir tus respuestas.

❶ ¿Cómo sabe el lector que el hombre es ciego?

❷ ¿Qué hace el hombre ciego para demostrar que ve con su nariz?

❸ ¿Por qué Nana estrecha la mano del hombre ciego y se ríe?

Conoce a los pasajeros   Nombre _____

Relacionarse: usar los sentidos

Instrucciones: Sal y siéntate en un banco o en el suelo. Cierra los ojos y usa tus otros sentidos para experimentar el mundo a tu alrededor. Escribe lo que experimentas.

Nombre _____

Conoce a los pasajeros

Aprendizaje del lenguaje: adjetivos

Instrucciones: Los adjetivos son palabras que describen. Aquí hay algunos adjetivos del libro. Vuelve a leer la historia para encontrar y anotar los sustantivos a los que describen.

Adjetivo	Sustantivo	Adjetivo + Sustantivo / Sustantivo + Adjetivo
1. nuevo	sombrero	nuevo sombrero
2. profunda		
3. fino		
4. bulliciosa		

Conoce a los pasajeros

Nombre _____

Elementos del texto: personaje

Instrucciones: Piensa en estos dos personajes. Escribe lo que Nana quería que Jackson aprendiera de cada personaje.

el hombre ciego con su perro con manchas

el hombre con la guitarra

Nombre _____

Conoce a los pasajeros

Elementos del texto: personaje

Instrucciones: Elige uno de los personajes del libro. Haz un dibujo de él o de ella en el cuadro. Escribe cuatro palabras para describir el personaje.

1. _____

2. _____

3. _____

4. _____

Section 5
Wonderful Wording

Vocabulary Overview

Key words and phrases from this section are provided below with definitions and sentences about how the words are used in the story. Introduce and discuss these important vocabulary words with students. If you think these words or other words in the story warrant more time devoted to them, there are suggestions in the introduction for other vocabulary activities (page 5).

Palabra	Definición	Oración sobre el texto
libertad	el estado de ser libre	El aire huele a **libertad**.
una y otra vez	repetidamente; por mucho tiempo	Jackson buscó la pajita **una y otra vez**.
chapotear	golpetear	La lluvia **chapotea** en el parabrisas.
humeó	desprendió humo	El autobús **humea** al frenar.
de par en par	enteramente	Las puertas del autobús se abrieron **de par en par**.
surcaban	cortaban como con cuchillo	Los halcones **surcan** el cielo.
magia	algo que cautiva	La música envuelve a Jackson en su **magia**.
hinchaba	expandía	A Jackson se le **hincha** el pecho cuando escucha la música.
se dejó llevar	se llenó de emoción	Jackson **se deja llevar** por el sonido de la música.

Nombre _____

Palabras precisas

Actividad del vocabulario

Instrucciones: Completa cada oración. Usa las palabras en las casillas.

Palabras del cuento

hincha	surcan	humea	una y otra vez
chapotea	magia	se dejó llevar	de par en par

1. Jackson mira _____ sin encontrar la pajita, pero ve como la lluvia _____.

2. Cuando se detiene, el autobús _____ y las puertas se abren _____.

3. Con la _____ de la música, a Jackson se le _____ el pecho.

4. Ve halcones que _____ el cielo.

Section 5
Wonderful Wording

Analyzing the Literature

Provided below are discussion questions you can use in small groups, with the whole class, or for written assignments. Each question is written at two levels so that you can choose the right question for each group of students. For each question, a few key points are provided for your reference as you discuss the book with students.

Story Element	Level 1 Questions for Students	Level 2 Questions for Students	Key Discussion Points
Setting	¿Qué palabras usa el autor para describir la lluvia?	¿Cómo sabe el lector qué tan duro cae la lluvia a través de las ilustraciones y las palabras del texto?	The author uses words such as *dripped*, *patter*, and *pooled* to describe the rain and the effects of the rain. There are puddles on the ground and raindrops in the sky in the illustrations, and Nana and CJ have to use an umbrella.
Plot	¿Por qué Jackson cierra los ojos al escuchar la música?	¿De qué manera cerrar los ojos mejora la experiencia de Jackson con la música?	The blind man says he closes his eyes so he can feel the magic of music. When the blind man first gets on the bus, Nana tells CJ that some people watch the world with their ears. By closing their eyes, the blind man, Nana, and CJ are using only their ears to listen to the music.
Plot	¿Qué verbos se usan para describir la experiencia de Jackson mientras escucha la música?	¿Qué pistas del texto y de las ilustraciones le indican al lector que a Jackson le gusta su experiencia con la música?	CJ sees sunset colors swirling, crashing waves, hawks slicing through the sky, and butterflies dancing. CJ's chest grows full, and he gets lost in the music. The sound gives him the feeling of magic. The illustration also shows a smile on CJ's face. CJ also drops his coin in the guitar man's hat when he opens his eyes.
Character	¿Qué palabras usa el autor para describir cómo Jackson y Nana ven la ciudad cuando bajan del autobús?	Describe cómo Jackson ve la ciudad después de que se da cuenta de que Nana siempre ve belleza.	CJ sees crumbling sidewalks, broken-down doors, graffiti-tagged windows, and boarded-up stores. Even after he realizes that Nana sees beauty everywhere she looks, CJ still sees broken streetlamps and stray-cat shadows.

Nombre _____

Palabras precisas

Reflexión del lector

Piensa

Jackson tiene una experiencia maravillosa cuando escucha el ritmo de la música del guitarrista. Piensa en cómo te sientes al escuchar música.

Tema de escritura narrativa

Escribe una descripción de cómo te sientes cuando escuchas música. Trata de incluir palabras precisas y descriptivas para explicar cómo te sientes.

Palabras precisas

Nombre _____

Lectura enfocada guiada

Vuelve a leer con atención las páginas donde el guitarrista toca una canción.

Instrucciones: Piensa en estas preguntas. En los espacios, escribe ideas o haz dibujos. Prepárate para compartir tus respuestas.

❶ ¿Qué hacen los pasajeros del autobús para sentir la magia de la música?

❷ Describe lo que pasa cuando Jackson experimenta la magia de la música.

❸ ¿Cómo le muestran los pasajeros al guitarrista que les gusta su canción?

Nombre _____

Palabras precisas

Relacionarse: música

Instrucciones: Cierra los ojos mientras escuchas música. Luego, abre los ojos y dibuja lo que experimentaste. Comparte tu dibujo con un amigo.

Palabras precisas

Nombre _____

Aprendizaje del lenguaje: palabras con múltiples significados

Instrucciones: Algunas palabras tienen más de un significado. Mira las oraciones. Encierra el significado correcto de cada palabra en negrita.

Oración del cuento	Significado 1	Significado 2
Vio "la lluvia chapotear en… un coche estacionado **cerca**".	valla o muro	a corta distancia
Sacó "una moneda de detrás de la oreja y la depositó en la **palma** de su mano".	parte interior de la mano	árbol con hojas en forma de abanico
"Nana se rio con su risa **profunda**".	más honda de lo normal	que viene de muy dentro
"Le hizo una **señal** a Jackson para que tomara asiento".	objeto o luz que avisa	gesto o movimiento
"Vio el autobús que **doblabla** la esquina".	cambiar de dirección	plegar

Nombre _____

Palabras precisas

Elementos del texto: personaje

Instrucciones: Nana y Jackson ven las mismas cosas de manera distinta. Lee el parecer negativo de Jackson. Luego escribe el parecer positivo de Nana.

Negativo	Positivo
1. "Abuela, ¿por qué nosotros no tenemos coche?".	
2. "Miguel y Colby nunca tienen que ir a ninguna parte".	
3. "Cómo me gustaría tener uno de esos [reproductores de música]".	
4. "¿Por qué este lugar está siempre tan sucio?".	

Palabras precisas

Nombre _____

Elementos del texto: escenario

Instrucciones: Dibuja la ciudad como la ve Jackson y como la ve Nana. Usa el texto como ayuda.

Cómo ve la ciudad Jackson

Cómo ve la ciudad Nana

Nombre _____

Actividades de la poslectura

Poslectura: pensamientos sobre el tema

Instrucciones: Elige un personaje principal de *Última parada de la calle Market*. Imagina que eres ese personaje. Dibuja una carita feliz o una carita triste para mostrar qué piensa el personaje de cada afirmación. Luego, usa palabras para aclarar tu dibujo.

El personaje que elegí: _____

Afirmación	¿Qué piensas? 😊 ☹️	Explica tu respuesta
Es interesante conocer nuevas personas.		
Las personas ven las cosas de maneras distintas.		
Hay belleza en una ciudad sucia.		
Podemos aprender de otras personas.		

© Shell Education   51748—Instructional Guide: *Última parada de la calle Market*

Post-Reading Activities

Culminating Activity: Seeing Beauty

Directions: Nana was able to find beauty in everything she saw and everyone she met on the bus trip to the soup kitchen. This culminating activity gives students the opportunity to do the same. Through an illustration, an interview, and a brief writing assignment, students will seek to find beauty in all people.

Begin by having students select a person on whom to focus such as the custodian, the librarian, or even an older student. It can also be someone they know from another setting such as home, sports, or church. Assist students, as needed, by brainstorming people they might want to consider.

Character Illustration—Draw students' attention to the style the illustrator uses throughout the book. Discuss the simplistic shapes and bold colors. On page 61, have students design a character for *Last Stop on Market Street* based on the person they have chosen. Students can use any medium you provide them; however, one way to get students to mimic the book's style is to have students cut out shapes from construction paper.

Interview—Have students write two questions to ask during a brief interview. Discuss the types of questions that will help them get to know the person better, rather than surface-level questions. As a class, create a list of possible questions that students can draw upon if they cannot think of any by themselves. Provide students time to conduct their interviews either during the school day or as part of a homework assignment. Have students record the answers on page 62.

Character Lesson—Using the *Character Lesson* (page 63), students combine the interview and the character drawing to show the beauty that was found in the person interviewed. Students illustrate their character doing something they learned about during the interview and then write two to three sentences. Encourage students to use descriptive and creative wording as they write.

Nombre _____

Actividades de la poslectura

Actividad culminante: ver la belleza (cont.)

Ilustración de un personaje

Instrucciones: Piensa en una persona que conoces que podría servir como personaje de *Última parada de la calle Market*. Luego, dibuja a esa persona con el mismo estilo del arte del libro.

Actividades de la poslectura

Nombre _____

Actividad culminante: ver la belleza (cont.)

Entrevista con un personaje

Instrucciones: Piensa en la persona que elegiste dibujar. Escribe dos preguntas que te gustaría hacerle a la persona. Luego, entrevista a la persona y escribe sus respuestas.

Pregunta 1: _____

Respuesta: _____

Pregunta 2: _____

Respuesta: _____

Nombre _____

Actividades de la poslectura

Actividad culminante: ver la belleza (cont.)

Lección sobre el personaje

Instrucciones: Piensa en la persona que entrevistaste y el dibujo del personaje que hiciste. Dibuja tu personaje. Describe lo que hace.

Actividades de la poslectura

Nombre _____

Evaluación de la comprensión

Instrucciones: Llena la burbuja de la mejor respuesta para cada pregunta.

Sección 1: El libro entero

1. ¿Qué oración describe mejor cómo ve el mundo Nana?
   - (A) Nana conoce a mucha gente.
   - (B) Nana encuentra la belleza por donde quiera que vea.
   - (C) A Nana le gusta cerrar los ojos para escuchar la música.
   - (D) Nana ve una ciudad sucia que se cae a pedazos.

Sección 2: Nana y Jackson

2. ¿Por qué Nana le dice a Jackson, "Lo lamento mucho por ellos"?
   - (A) Miguel y Colby no pueden conocer gente interesante.
   - (B) Miguel y Colby no pueden subir al autobús.
   - (C) Miguel y Colby nunca tienen que ir a ninguna parte.
   - (D) Miguel y Colby no pueden jugar con Jackson.

Sección 3: El escenario

3. ¿Por qué Jackson se alegra de llegar al comedor social?
   - (A) Quiere subirse al autobús.
   - (B) Ve caras familiares.
   - (C) Ve el arcoíris sobre el comedor social.
   - (D) Quiere ir a casa como Miguel y Colby.

Nombre _____

Actividades de la poslectura

Evaluación de la comprensión (cont.)

Sección 4: Conoce a los pasajeros

4. Describe lo que Nana quiere que Jackson aprenda del hombre ciego.

_____
_____
_____
_____
_____
_____
_____
_____

Sección 5: Palabras precisas

5. ¿Cuál no es una razón por la que Nana dice, "A veces, cuando la suciedad te rodea, Jackson, te hace apreciar mejor lo que es realmente bello"?

   A) Nana ve la belleza por donde quiera que vea.
   B) Nana quiere que Jackson vea la belleza en todo.
   C) Nana ve el arcoíris sobre el comedor social.
   D) Jackson ve la belleza por donde quiera que vea.

Actividades de la poslectura

Nombre _____

Reflexión sobre la literatura: crear la belleza

Instrucciones: Piensa en algo que ves todos los días que está sucio o que no se ve muy bonito. Dibújalo en el recuadro. Luego, responde las preguntas en la siguiente página.

Nombre _____

Actividades de la poslectura

Reflexión sobre la literatura: crear la belleza *(cont.)*

Instrucciones: Usa tu dibujo de la página 66 como ayuda para contestar estas preguntas.

1. Describe lo que dibujaste. ¿En dónde lo ves? ¿Por qué no es muy bonito verlo?

   _____
   _____
   _____
   _____

2. Observa tu dibujo como lo haría Nana. Describe el dibujo de nuevo mientras buscas la belleza en él.

   _____
   _____
   _____
   _____

3. ¿Es fácil ver la belleza en cosas que podrían no verse bonitas? ¿Por qué?

   _____
   _____
   _____
   _____

Actividades de la poslectura

Nombre _____

Pauta: Reflexión sobre la literatura

Instrucciones: Use esta pauta para evaluar las respuestas de los estudiantes.

Fantástico trabajo	Bien hecho	Sigue intentándolo
☐ Contestaste las tres preguntas de manera completa. Incluiste muchos detalles.	☐ Contestaste las tres preguntas.	☐ No contestaste las tres preguntas.
☐ Tu caligrafía es fácil de leer. No hay errores de ortografía.	☐ Podrías mejorar tu caligrafía. Hay algunos errores de ortografía.	☐ Tu caligrafía no se puede leer muy fácilmente. Hay muchos errores de ortografía.
☐ Tu dibujo es claro y está coloreado completamente.	☐ Tu dibujo es claro y una parte está coloreada.	☐ Tu dibujo no es muy claro o no está coloreado completamente.
☐ La creatividad es evidente tanto en el dibujo como en el escrito.	☐ La creatividad es evidente en el dibujo o en el escrito.	☐ No hay mucha creatividad ni en el dibujo ni en el escrito.

Comentarios del maestro: _____

_____

_____

Nombre _____

Hoja para escribir

Answer Key

The responses provided here are just examples of what the students may answer. Many accurate responses are possible for the questions throughout this unit.

Vocabulary Activity—Section 1:
Resumen del libro (page 15)
1. chirrió
2. vaivén
3. chapotear
4. verdad
5. familiar

Guided Close Reading—Section 1:
Resumen del libro (page 18)
1. Jackson ve un arcoíris sobre el comedor social. Se puede ver un arcoíris pequeño porque el tiempo es lluvioso.
2. Jackson vuelve a mirar y todavía ve farolas rotas y sombras de gatos callejeros.
3. El texto dice que Jackson dice que se alegra de haber venido cuando ve unas caras familiares a través de la ventana del comedor social.

Language Learning: Section 1:
Resumen del libro (page 20)

Personaje	Verbos
Nana	se rio, tarareaba, tejía
Jackson	empujó, bajó, se resguardó, miró, podía ver, contemplaba, ofreció, vio, sintió, abrió, dejó, agarró, preguntó, divisó
el hombre ciego	dijo, subieron, susurró
el autobús	chirrió, se detuvo, humeó, descendió, arrancó, frenó
la lluvia	salpicaba, resbalaba, bañar, chapotear

Story Elements—Section 1:
Resumen del libro (page 22)
1. Jackson y Nana salen de la iglesia.
2. Jackson y Nana caminan hasta la parada del autobús.
3. Jackson y Nana suben al autobús.
4. Jackson y Nana conocen a personas interesantes.
5. Jackson y Nana bajan del autobús.
6. Jackson y Nana caminan hasta el comedor social.
7. Jackson y Nana ayudan en el comedor social.

Guided Close Reading—Section 2:
Resumen del libro (page 27)
1. Jackson ve que su amigo Colby y su papá se marchan en coche.
2. Nana dice que tienen un autobús lanzallamas.
3. El autor usa la palabra *chirrió* para describir el sonido que hace el autobús.

Story Elements—Section 2:
Nana y Jackson (page 30)
cortés: "Nana sonrió a todos y les dio las 'buenas tardes'".
positiva: Answers will vary but should be any sentence from the book describing how Nana sees things in a positive way, for example, she doesn't worry about the wet, she sees the trees drinking water.
servicial: "Vamos, entremos". "¿Por qué siempre tenemos que venir aquí después de la iglesia?".

Vocabulary Activity—Section 3:
El escenario (page 33)
1. La lluvia **salpicaba** la camisa de Jackson.
2. El autobús es un **lanzallamas**.
3. Jackson ve aceras **desmoronadas** y puertas destartaladas.

Answer Key

4. Nana y Jackson caminan por vidrieras marcadas con **grafiti** y tiendas **clausuradas**.
5. Un arcoíris **se eleva** en el cielo.
6. Nana y Jackson trabajan en el **comedor social**.

Guided Close Reading—Section 3:
El escenario (page 36)
1. El autor quiere decir que la lluvia moja la camisa de Jackson con gotas.
2. Nana dice que el árbol bebe a través de una pajita.
3. Las ilustraciones muestran las gotas de lluvia que caen. Muestran los charcos. Muestran a las personas con sus paraguas.

Language Learning: Section 3:
El escenario (page 38)

Lo que Jackson ve	Palabras descriptivas
aceras	1. desmoronadas
puertas	2. destartaladas
vidrieras	3. marcadas con grafiti
tiendas	4. clausuradas
arcoíris	5. belleza
farolas	6. rotas
gatos	7. callejeros

Story Elements—Section 3:
El escenario (page 39)
1. iglesia
2. parada del autobús
3. autobús
4. aceras desmoronadas
5. arcoíris
6. comedor social

Guided Close Reading—Section 4:
Conoce a los pasajeros (page 45)
1. El hombre lleva un bastón y tiene un perro guía. También trae lentes oscuros.
2. Olfatea el aire y comenta sobre el perfume de Nana.
3. Nana lo hace para agradecerle el cumplido que hizo.

Language Learning: Section 4:
Conoce a los pasajeros (page 47)

Adjetivo	Sustantivo	Adj. + Sust. Sust. + Adj.
1. nuevo	sombrero	nuevo sombrero
2. profunda	risa	risa profunda
3. fino	perfume	perfume fino
4. bulliciosa	ciudad	bulliciosa ciudad

Vocabulary Activity—Section 5:
Palabras precisas (page 51)
1. una y otra vez; chapotea
2. humea; de par en par
3. magia; hincha
4. surcan

Guided Close Reading—Section 5:
Palabras precisas (page 54)
1. Los pasajeros cierran los ojos.
2. Jackson se pierde en la música y ve "los colores de una puesta de sol moviéndose en el vaivén de las olas", "una familia de halcones que surcaban el cielo" y "mariposas bailando libres".
3. Los pasajeros lo aplauden y Jackson le da la moneda que el señor Dennis le sacó de detrás de la oreja.

Answer Key

Language Learning: Section 5:
Palabras precisas (page 56)

Answers that should be circled:

a corta distancia

parte interior de la mano

que viene de muy dentro

gesto o movimiento

cambiar de dirección

Story Elements—Section 5:
Palabras precisas (page 57)

Negativo	Positivo
1. "Abuela, por qué nosotros no tenemos coche?".	"Pero, hijo, ¿para qué lo queremos? Tenemos un autobús lanzallamas...".
2. "Miguel y Colby nunca tienen que ir a ninguna parte".	"Pues lo lamento mucho por ellos... Nunca conocerán a Bobo, ni al hombre de las gafas de sol".
3. "Cómo me gustaría tener uno de esos [reproductores de música]".	"¿Y para qué? Justo frente a ti lo tienes en vivo".
4. "¿Por qué este lugar está siempre tan sucio?".	"A veces, cuando la suciedad te rodea, Jackson, te hace apreciar mejor lo que es realmente bello".

4. Nana quiere que Jackson aprenda que aunque unas personas no pueden ver, pueden experimentar el mundo de otras maneras.

5. D. Jackson ve la belleza por donde quiere que vea.

Comprehension Assessment (page 64)

1. B. Nana encuentra la belleza por donde quiera que vea.
2. A. Miguel y Colby no pueden conocer a gente interesante.
3. B. Ve caras familiares.

www.ingramcontent.com/pod-product-compliance
Lightning Source LLC
Chambersburg PA
CBHW060427010526
44118CB00017B/2392